EN PLEINE GLOIRE

OUVRAGES D'ALBERT CIM

ROMANS

Jeunesse. 1 vol.
Les Prouesses d'une Fille . . . . 1 —
Les Amours d'un Provincial . . . . 1 —
Bonne Amie. . . . . 1 —

CONTES ET NOUVELLES

Service de Nuit. . . . . 1 vol.
La Petite Fée . . . . 1 —
Un Coin de Province. . . . . 1 —
La Rue des Trois Belles. . . . . 1 —

ÉTUDES DOCUMENTAIRES.

Deux Malheureuses . . . . 1 vol.
Institution de Demoiselles. . . . . 1 —
Bas-Bleus. . . . . 1 —

ÉMILE COLIN — IMPRIMERIE DE LAGNY

ALBERT CIM

EN PLEINE GLOIRE

HISTOIRE D'UNE MYSTIFICATION

PARIS
ERNEST KOLB, ÉDITEUR
8, RUE SAINT-JOSEPH, 8

Au

très obligeant archéologue meusien

Léon Maxe-Werly

EN PLEINE GLOIRE

I

On sait combien les mystifications étaient de mode à la fin du siècle dernier et au commencement du nôtre. Sans parler de l'impératrice Joséphine et de sa fille Hortense, qui s'amusaient à dévisser les lits de leurs invités à la Malmaison, nombre de personnages s'étaient acquis, mme Grimod de la Reynière, une brillante réputation de farceurs et de pince-sans-rire. Certains d'entre eux, dont les noms, bien oubliés aujourd'hui, jouissaient alors d'une célébrité sans égale, Musson, Tousez, Legros, etc., vivaient de cette réputation ; Musson surtout, qui avait élevé la mystification à la hauteur d'un art, Musson, « le roi des mystificateurs », le protégé et le favori de Joséphine, était l'objet d'un véritable enthousiasme. Tous les riches amphitryons se le disputaient, et il coûtait cher : dix, quinze, vingt louis par soirée. Sans lui, pas de fête un peu bien organisée. « On soupera, et il y aura une mystification » : c'était la formule des billets d'invitation ; — absolument comme plus tard, lorsqu'un autre fameux mystificateur, le corniste Eugène

Vivier, eut mis le jeu des bulles de savon à la mode dans les réunions mondaines, ces lettres se terminèrent par la rubrique : « On fera des bulles de savon. »

C'est Musson qui s'avisa un jour de convier à dîner chez une grande dame tous les membres de l'Institut ; une autre fois, de persuader à son voisin de table, un écrivain, libraire et éditeur du nom de Bonneville, adepte du théosophe Saint-Martin, que sa femme, la respectable madame Bonneville, le trompait indignement ; lui encore qui, sous couleur de montrer Orléans à un crédule bourgeois, fit promener ce quidam en berline à travers la banlieue parisienne : aventure que Wafflard et Fulgence, quelques années après, ont ingénieusement exploitée dans leur comédie du *Voyage à Dieppe.*

En 1795, au lendemain du 9 thermidor, Grimod de la Reynière, qui s'était prudemment tenu coi pendant la période révolutionnaire, reparut, et fonda au Palais-Royal, chez le fameux restaurateur Méo, les *Déjeuners des Mystificateurs.*

Choudard-Desforges, l'auteur d'une pièce bien vantée et applaudie jadis, *le Sourd ou l'Auberge pleine*, dont l'intrigue repose sur une mystification ; le chevalier de Piis, poète et chansonnier ; le cynique libelliste Pellepore ; les romanciers Félix Nogaret et Jean Charlemagne ; le gazetier royaliste Martainville ; l'acteur et auteur dramatique Mayeur de Saint-Paul ; le plaisant économiste Turmeau de la Morandière ; le terrible marquis de

Sade, dont les livres se vendaient alors publiquement chez les libraires du Palais-Égalité ; l'inévitable Musson, et quantité d'autres épicuriens, prenaient part à ces agapes.

Les renseignements manquent sur l'organisation de cette société, qui subsistait encore cependant à la fin de la Restauration, mais n'a même pas eu soin de rédiger ses statuts. Le bibliophile Jacob, à qui un des anciens convives de Grimod de la Reynière avait fourni quelques détails, remarque que ce déjeuner fut probablement « la cause plutôt que la conséquence d'une réunion de gens d'esprit et de mauvais plaisants, qui s'adonnèrent par goût, par habitude et par désœuvrement, au grand art de la mystification, où chaque convive s'efforça de se surpasser en surpassant son voisin. De cette concurrence, de cette émulation, sortirent sans doute plus de lourdes et plates méchancetés que de traits ingénieux et de railleries spirituelles. »

C'est durant l'un de ces déjeuners qu'on annonça à Restif de la Bretonne qu'il venait d'être élu membre de l'Institut. Peu d'hommes étaient mieux doués que « Monsieur Nicolas » pour prêter flanc à la plaisanterie. Avec sa candide prétention à tous les genres de succès, son intarissable faconde, sa sensibilité exagérée, maladive, son imagination effrénée, cet enthousiasme toujours bouillonnant qui allait jusqu'à l'hallucination, Restif était vraiment né « gobeur ». « On remplirait un volume des mystifications sans nombre dont il a été la victime », note M. Jules Soury.

« Au signal que leur donna Grimod de la Reynière, tous les convives se levèrent, et chacun vint à tour de rôle déposer une couronne de laurier sur la tête de Restif, qui avait fort à faire pour les ôter l'une après l'autre, afin de ne pas être étouffé sous le poids de cette ovation.

— Citoyens, mes amis, mes collègues ! dit-il en balbutiant avec émotion ; voilà le plus beau jour de ma vie !

— Vive Restif ! Vive le Contemporaniste ! crièrent les assistants, en agitant leurs serviettes comme des drapeaux. Gloire à l'Institut, qui a conquis par ses suffrages unanimes l'illustre Restif de la Bretonne ! » (Bibliophile Jacob.)

Mais, hélas ! avant la fin du repas le pauvre Nicolas Restif apprenait qu'il y avait eu erreur, et que c'était Nicolas Sélis, son ennemi, sa bête noire, qui avait été élu à sa place, et cela grâce aux perfides machinations de son pseudo-admirateur et ami Sébastien Mercier.

La mystification ne s'arrêta pas là néanmoins, et pendant longtemps le biographe des *Contemporaines*, le « Contemporaniste », reçut, de tous les points de la France, des lettres où l'on s'ingéniait à raviver la blessure de sa vanité, au sujet de cette prétendue élection académique, ou à lui dévoiler les intrigues qui l'avaient fait échouer. Ces lettres, rédigées toutes au Déjeuner des Mystificateurs, se terminaient invariablement par cette phrase, qui était de Grimod de la Reynière et que Restif finit par adopter, par faire sienne : « N. Restif a été oublié dans la première formation de l'Institut national : on avait bien omis l'article *Paris* dans l'Encyclopédie. »

« Voilà quels sont les gens, » écrivait il encore, en faisant allusion à Fontanes, à Ginguené, Millin, Sélis « et cinquante autres de cet acabit..... qui ont exclu de l'Institut national le Génie accablé sous le poids du malheur et de la vieillesse! Il est impossible d'exprimer avec quel acharnement tous les hommes sans titre et sans mérite, les frelons, ont expulsé les abeilles industrieuses, ont ôté aux vrais gens de lettres la subsistance que la Nation leur voulait assurer; au pauvre NICOLAS, par exemple, qui pendant quatorze ou quinze ans a fait subsister treize pères de famille, tant de l'imprimerie que des autres états relatifs à la littérature... Nicolas demandera les appointements de l'Institut, qui lui sont dus d'après les vues nationales, et consentira de n'en pas être membre. »

II

La province, où les distractions mondaines sont si restreintes, les loisirs si nombreux, était, plus encore que Paris, envahie, infestée par les mystificateurs. Il fallait bien d'ailleurs « copier la capitale ».

Ces « Mauvais Garçons » d'Issoudun, ces « Chevaliers de la Désœuvrance », dont Balzac nous conte les hauts faits dans *Un Ménage de garçon*, ne sont certainement pas sortis de son imagination : quand il allait à Frapesles — aux portes d'Issoudun — visiter son amie, madame Zulma Carraud, il avait entendu parler de cette bande de jeunes gens, « de jeunes singes, qui, pendant le jour, étaient de petits saints, et dont les tours répandirent, jusqu'en 1823, une sorte de terreur dans la ville, ou du moins en tinrent les artisans et la bourgeoisie en de continuelles alarmes ».

Lyon, Dijon, Caen, Lille, Bourges, n'étaient pas moins bien partagés.

Nancy, lui, possédait Caillot-Duval.

Ce double nom est, comme on le sait, le pseudonyme adopté par deux lieutenants alors en garnison dans l'ancienne capitale de Stanislas, MM. Fortia de Piles et Boisgelin de Kerdu.

Ne sachant qu'inventer pour tuer le temps, ces jeunes officiers imaginèrent, à la fin de l'année 1785, d'entamer correspondance avec un certain nombre de gens de tout état et de toutes provinces, et de flatter l'amour-propre ou la gloriole de ces correspondants, d'exciter leur convoitise, encourager leurs manies et leur sottise, et les berner et ridiculiser à plaisir.

Ils débutèrent par un procureur nommé Le Cat, attaché au présidial d'Abbeville, dont ils avaient lu, dans une feuille littéraire de Nancy, des contes en vers et en prose plus ou moins grotesques. « Je ne puis différer plus longtemps, écrit Caillot-Duval à ce magistrat chéri des Muses, le tribut d'éloges qui vous est dû et l'hommage de ma reconnaissance pour le plaisir que vous m'avez fait éprouver. Que l'auteur de ce journal doit se trouver heureux d'avoir en vous un collaborateur aussi éclairé qu'infatigable ! »

Le Cat accueillit sans beaucoup d'étonnement, bien entendu, cette missive bourrée d'hyperboliques félicitations : après s'être confondu en remerciements et raisonnablement pourléché, il ajoute : « Si vous cultivez les lettres, gardez-vous bien, Monsieur, de labourer le champ ingrat de la satire : elle ne procure que des désagréments. » Et ce post-scriptum : « Vous voudrez bien, à l'avenir, affranchir vos lettres. »

Ce bon procureur ayant, quelque temps après, exprimé le regret de n'appartenir à aucun corps littéraire... : « Je ne vous dissimulerai pas que mon amour-propre serait agréablement chatouillé si je devenais académicien.... », Caillot-Duval s'empresse de saisir la balle au bond. « Si vous n'êtes membre d'aucun corps littéraire, c'est que vous n'avez fait aucune démarche pour cela ; mais il est une manière d'en faire, qui ne peut offenser votre délicatesse, et qui réussira probablement... Je suis dans la plus grande intimité avec le prince Kabardinski, frère puîné du prince Héraclius, que vous connaissez sûrement de nom ; c'est par son entremise que j'ai obtenu le titre flatteur dont je viens d'être décoré (d'académicien de Saint-Pétersbourg). Je puis assez compter sur son amitié pour être sûr qu'il ne refusera pas à mes sollicitations la même grâce pour un homme de lettres présenté par moi ; en conséquence, je crois que, pour le disposer en votre faveur, vous devriez m'adresser, pour lui, une pièce de vers. »

Et il lui trace l'argument — argument absolument fou, — de ce poème.

« Le prince est au mieux avec la Semiramis du Nord; sa femme, qui est une Géorgienne, vient d'accoucher de cinq enfants mâles, ce dont il n'y a pas d'exemple : ils vivent tous. La mère seule a conservé un léger frémissement dans les muscles zygomatiques, ce qui fait qu'elle a toujours l'air de rire. Les cinq enfants ont tous l'assurance d'une compagnie dans les volontaires de Crimée. Voilà, si je ne me trompe, un canevas assez étendu. La forme de l'épître me paraît la plus convenable. »

Le brave Le Cat n'a garde de négliger d'aussi sages avis, et bientôt il adresse à son très obligeant correspondant une épître en vers dédiée à Son Altesse le prince Kabardinski :

Daigne, ô Kabardinski ! daigne agréer l'hommage
D'un rimeur sans éclat, mais vrai dans son langage.
. . . .
. . . .
Lorsque Clio dira, dans la suite des temps,
Que ton épouse un jour te donna cinq enfants,
Cinq mâles, pleins de vie, et que leur souveraine
Alors de chacun d'eux a fait un capitaine ;
Quand, par un monument des peuples révéré,
Ce prodige inouï deviendra consacré,
En admirant un trait si rare et si fameux,
L'on marquera ta place au rang des demi-dieux.
Tu réaliseras tous les exploits d'Hercule.
Puisse, dans l'avenir, ce trop faible opuscule
Prolonger sa durée, à l'abri de ton nom !
Puisse-t-il, avoué du dieu de l'Hélicon,
Près de toi reposer au temple de Mémoire !
Un sort aussi flatteur suffirait à ma gloiro.

Mais, ce chef-d'œuvre expédié, Le Cat n'entendit plus parler ni de S. A. Kabardinski, ni du prince Héraclius, ni de l'Académie pétersbourgeoise, ni même de Caillot-Duval : ce n'est que plus tard, quand parut la correspondance de ce dernier, et en y voyant figurer ses lettres et ses vers, que le pauvre procureur comprit à quel scélérat il avait eu affaire.

Après Le Cat, où plutôt en même temps qu'à lui, c'est à une demoiselle S..., de l'Opéra, que s'attaquent les deux compères cachés sous la raison sociale de Caillot-Duval. Le prince Kabardinski et son frère Héraclius sont encore en jeu ici. Caillot-Duval s'annonce comme chambellan de S. A. le prince Kabardinski, et il est chargé, mande-t-il à mademoiselle S..., de solliciter pour son maître l'honneur d'être reçu chez elle, honneur qu'on saura généreusement, princièrement reconnaître.

Malgré cette alléchante promesse, mademoiselle S.... et sa sœur, qui lui sert de secrétaire, plus matoises et rouées que le procureur d'Abbeville, demandent des garanties, des preuves. On voit qu'elles ont acquis toute l'expérience et la méfiance nécessaires.

Caillot-Duval proteste, s'étonne, s'indigne presque. Kabardinski? Héraclius? Comment! ces deux noms ne sont pas parvenus jusqu'à vous? « Si vous en eussiez ouvert la bouche à qui que ce soit, il n'est personne qui ne vous eût appris ce que c'est que le prince Héraclius, de l'existence duquel vous paraissez douter : ce n'est pas dans les étrennes mignonnes que vous trouverez son nom et celui du prince Kabardinski. Toutes les gazettes ont assez retenti et retentissent encore du nom du frère aîné : il y a sans doute des Russes à Paris ; parlez-leur-en, sans entrer dans aucun détail, et vous verrez ce qu'ils vous en diront. Quant au pays, dont vous doutez aussi, prenez la peine d'ouvrir le tome cinquième de l'*Histoire naturelle* de M. de Buffon, et la page 20 vous instruira de ce que sont les peuples de Kabardinski, et s'ils sont tant à dédaigner ; selon cet auteur, et selon la vérité, les habitants de cette contrée sont les plus vigoureux hommes que l'on connaisse : Son Altesse soutient bien la réputation de son pays. »

Laissant de côté les demoiselles de l'Opéra, Caillot-Duval entreprend un bottier de la rue Dauphine, le sieur Soudé, « qui a l'honneur de botter notre souverain et son auguste moitié ». Un maître-bottier de Nancy vient de confectionner, affirment nos deux farceurs, une paire de bottes sans couture. « Le phénix des bottiers de la capitale » ne pourrait-il en faire autant? Celui-ci, un malin, répond que sans nul doute il pourrait très bien fabriquer des bottes comme celles qu'on désire, mais que la fourniture de la maison du roi l'accapare tellement, qu'il lui est impossible de s'occuper de l'article en question.

Après le bottier Soudé, vient le tour du perruquier Chaumont, à qui Caillot-Duval commande six de ses merveilleux toupets, et, pour les dimanches, une certaine perruque, « faite à l'air de mon visage », dont suit une comique description.

Il a recours ensuite à M. Caron, facteur de cors de chasse, « le prototype des bons corneurs ou corniers de France ». — « Le prince — S. A. Kabardinski encore peut-être? — désirerait savoir quelle est la proportion la plus forte possible pour une trompette marine; il en a une de *huit pieds et demi* ». Et il ne la trouve pas suffisante!

A l'auteur du *Traité du Rossignol et des petits oiseaux de volière*, ouvrage qui venait de paraître, Caillot-Duval mande avec un imperturbable sérieux qu'il a « mis ensemble un loriot et une chouette, et qu'à son grand étonnement ces deux oiseaux se sont accouplés : il en est venu deux œufs qui, ayant été couvés par la mère, ont produit, chose étrange ! l'un un moineau à gros bec et l'autre une pie. Le père, la mère et les enfants se portent à merveille et ne font qu'une même famille. »

« Depuis que je me suis adonné à la connaissance des oiseaux, répond notre savant, avec une candeur sans pareille, la plus désopilante gravité, — j'ai été témoin de tant de choses surprenantes que je suis moins étonné qu'un autre de tout ce qui peut arriver dans ce genre. Obligez-moi de suivre exactement cette expérience et de m'en écrire en détail. Observez surtout si les nouveau-nés ont des plumes de couleur tranchante à l'aile gauche, et si la pie fait plus de bruit aux approches du père qu'à celle de la mère : dans ce cas, j'ose vous assurer à l'avance que vous ne la conserverez pas jusqu'au printemps. Etc... »

A M. Mazoyer, adjudant aux gardes françaises, Caillot-Duval offre d'envoyer, comme engagés militaires, ses deux petits-neveux, « qui brûlent de signaler leur ardeur martiale et sont tous les deux de la même taille, si ce n'est que l'aîné a trois pouces de plus que le cadet ».

A M. Urlon, lieutenant général de police à Nancy, l'infatigable Caillot-Duval réclame sa prétendue fille, qui s'est enfuie du domicile paternel. « Vous n'aurez pas de peine à la reconnaître, ajoute-t-il :

elle est plutôt brune que blonde... elle a les joues vermeilles, la main potelée, le bras dodu, la gorge bien placée, une taille de nymphe, le pied chinois, le genou très droit, chose que vous savez être très rare dans une femme ». Et l'autre de donner en plein dans le panneau : « Malgré le style, j'ose dire comique, de votre lettre, Monsieur, j'ai fait toutes les recherches qu'il m'a été possible, pour tâcher de découvrir si mademoiselle votre fille s'était réfugiée dans notre ville, etc. »

A M. Aubert, organiste à Nancy, Caillot-Duval écrit, en datant sa lettre de Paris : « ... Je crains bien que madame votre épouse ne m'ait oublié ; je ne me rappelle jamais sans une douce émotion les petits repas que nous avons pris ensemble sur le vert gazon... J'ai passé le plus fort de ma jeunesse, c'est-à-dire jusqu'à douze ans, à Nancy; je me rappelle toujours avec attendrissement ces lieux chéris, où je n'ai connu que l'innocence, où je me nourrissais des mets les plus frugaux, si ce n'est pendant les carnavaux, où je passais sans cesse de régaux en régaux ; etc. »

L'organiste, que tous ces « régaux » et « carnavaux » auraient dû si aisément mettre en défiance et dont la crédulité et la simplesse passent décidément toutes les bornes, s'empresse de déclarer que son « épouse » n'a aucune souvenance de ces prétendues promenades faites jadis avec elle; d'ailleurs, continue-t-il, « sa réputation est trop bien établie pour qu'on puisse rien croire de fâcheux sur son compte, et si vous avez cru me donner de la jalousie, vous vous êtes trompé. » Et pour prouver à son correspondant combien il est peu accessible à cette ridicule passion, il lui conte qu'un chevalier de l'ordre royal et militaire de Saint-Louis s'est présenté dernièrement chez lui, à l'heure du dîner, « et s'est mis à table avec nous. Je le croyais invité par mon épouse, et mon épouse le croyait invité par moi : ce n'a été qu'au moment de sa sortie que nous avons pu nous expliquer, et que nous avons vu que nous ne le connaissions ni l'un ni l'autre. »

Or, il se trouve que ce facétieux chevalier de Saint-Louis n'était autre que le lieutenant Fortia de Piles, un des deux « Caillot-Duval » en personne.

Viennent ensuite les épitres, toutes plus drôlatiques les unes que les autres, adressées à M. de la Roche, gouverneur de la ménagerie de Versailles, au bourrelier Taconet, au confiseur Berthellemot, au maître de musique Lefort, à l'imprimeur Mossy, à l'abbé Aubert, l'aimable fabuliste, à certaine dame de Launay, discrète et hospitalière personne de la rue Croix-des-Petits-Champs, etc.

Le fameux Restif figure aussi parmi ces destinataires et ces dupes : c'était fatal ; à vrai dire même, c'est lui qui ouvre la marche. En octobre 1784, alors que l'association Caillot-Duval n'était pas encore fondée, le comte Fortia de Piles expédie à l'auteur des *Contemporaines* une lettre, où, sous prétexte de prendre sa défense, il lui révèle les violentes attaques que le *Journal de Nancy* dirige contre lui, par la plume du procureur Le Cat d'Abbeville, et l'engage, l'excite de son mieux à ne pas laisser ces outrages impunis.

Imprimée en 1795, à Paris, sous la rubrique de Nancy, la *Correspondance philosophique de Caillot-Duval*, « rédigée d'après les pièces originales et publiée par une Société de littérateurs lorrains », est depuis longtemps devenue excessivement rare, introuvable.

En 1864, M. Lorédan Larchey a publié, chez René Pincebourde, sous le titre de : *Les Mystifications de Caillot-Duval*, un « choix de ses lettres les plus étonnantes, suivies des réponses de ses victimes», et précédées d'une étude très soignée, très bien faite, sur les deux ingénieux gausseurs abrités sous le masque de Caillot-Duval, MM. Fortia de Piles et Boisgelin de Kerdu.

III

Ce sont bien probablement les exploits da Caillot-Duval, fameux dans toute la région de l'Est, qui ont suggéré à un groupe d'habitants de Bar-le-Duc la mystification commencée en l'année 1808 et dirigée contre un de leurs concitoyens, l'avocat Jacques Fevez-Mougeot. Cette mystification n'est pas sans analogie avec celle que Restif de la Bretonne eut à subir de la part de Grimod de la Reynière et de ses convives, lorsqu'ils s'avisèrent de le proclamer membre de l'Institut ; avec celle également que les lieutenants de Piles et de Boisgelin firent essuyer à l'infortuné procureur d'Abbeville : la différence, c'est que Restif et Le Cat furent plus ou moins promptement désillusionnés, déchus de leur empyrée et ramenés sur le terre-plein de la réalité, tandis que le Barisien Fevez-Mougeot, pendant près de TRENTE ANS, jusqu'à son dernier jour, fut maintenu dans son erreur et dans sa gloire, et mourut persuadé qu'il laissait au monde un impérissable souvenir, un nom de plus à jamais gravé au temple de Mémoire.

Ce Jacques Fevez-Mougeot, qui avait commencé par vendre du drap, puis s'était improvisé avocat au barreau de Bar-sur-Ornain, était piqué, et jusqu'au vif, de la tarentule dramatique. Il avait perpétré une pièce, absolument inepte d'ailleurs, — le titre suffit à le prouver : *les Deux Amants Orphelins qui se sont mutuellement naufragés, et du plus heureux Destin qui dépendit des Femmes...* Ouf ! Cette pièce, il l'avait colportée et lue partout où il avait accès, entre autres lieux, dans un petit café situé à la jonction des rues Entre-Deux-Ponts et de la Rochelle, le café de la mère Dubois.

Agacés d'entendre le bonhomme prôner sans cesse son œuvre et en déclamer des tirades à tout venant et à tout bout de champ, les habitués de cet estaminet cherchèrent, pour mieux prendre leur mal en patience, à y introduire un peu de diversité et de gaieté.

Une troupe d'acteurs ambulants était alors de passage à Bar, et l'impresario, M. Lormont, faisait momentanément partie de la clientèle de la mère Dubois. Les habitués insinuèrent à maître Lormont l'idée de jouer la pièce de Fevez-Mougeot.

— C'est bête, idiot, insensé, tout ce que vous voudrez! Mais nous vous garantissons que vous aurez du monde. Il n'est personne dans la ville qui ne connaisse *les Deux Amants Orphelins*, qui n'en ait tout au moins ouï parler. On sera curieux de voir ça, et vous encaisserez une fière recette, c'est sûr et certain.

— Tiens, tiens, mais !... en effet, se dit

il signor Lormont, si nous essayions ?

Les mêmes farceurs se rendirent ensuite chez Fevez-Mougeot et lui conseillèrent de profiter de la présence des acteurs pour offrir à ses concitoyens une représentation de son drame.

— M. Lormont grille d'envie de le lire. Comment diable n'avez-vous pas encore songé à le lui porter, à le lui proposer pour son théâtre ?

— Mais c'est vrai, c'est vrai, mes amis ! Comment n'ai-je pas pensé ?... Oh ! quelle heureuse inspiration !... Merci, merci ! J'y cours !...

La représentation eut lieu le 6 octobre 1808 et dépassa de beaucoup les prévisions du père Lormont. Jamais sa troupe n'avait remporté un tel succès, assisté à une semblable ovation. On n'entendait que battements de mains, éclats de rire, vociférations et trépignements de joie : c'était du ravissement, de l'ivresse, du délire. Toute la population, depuis que cet événement était annoncé, s'était préparée à le fêter dignement. Des couronnes de fleurs avaient été tressées, des bouquets assortis, des pièces de vers même élucubrées pour célébrer le triomphe de Fevez-Mougeot.

Après le dernier acte, le rideau se releva, et le directeur de la troupe, s'avançant sur le devant de la scène et se tournant vers l'auteur, qui trônait dans une loge, récita la strophe suivante, aussitôt couverte d'applaudissements, et qu'il dut répéter :

O toi qui nous fais la grâce
De nous donner un enfant,
Tu peux prétendre au Parnasse
Occuper le premier rang.
Tes ennemis vont se taire;
Ton drame sera vanté.
Jacques, poursuis ta carrière :
Vole à l'immortalité !

« Tout fut prodigué, selon les termes mêmes d'un témoin oculaire, par la foule enivrée de la sottise du pauvre mystifié, qui s'abandonnait sur la scène aux embrassements de tout un parterre en délire, qui le couvrait de couronnes et faillit l'étouffer. »

IV

C'est par cette mémorable soirée que commença l'audacieuse, l'incroyable mystification à laquelle Fevez-Mougeot ne cessa plus d'être en butte.

Mais, avant d'en exposer les péripéties, il n'est pas inutile de donner un aperçu de l'ouvrage susmentionné, si absurde qu'il soit, *les Deux Amants Orphelins qui se sont*, etc., cause première, unique pour mieux dire, de toutes les mésaventures, ainsi que de toutes les joies et béatitudes, de notre héros.

Quoique composé de quatre actes, le drame est très court et ne dépasse guère la longueur d'un seul acte ordinaire. Il a été imprimé en 1830 à Bar-le-Duc par Choppin, imprimeur de la préfecture, et tiré à cent cinquante exemplaires seulement. Il forme une plaquette in-8° de 36 pages, gros caractères ; encore six de ces pages sont-elles consacrées au titre, au faux-titre, à des observations scéniques préliminaires et à la liste des personnages. Le texte fourmille de lieux communs, de gongorismes, d'obscurités, de coq-à-l'âne, de platitudes et d'idioties de toutes sortes. Les phrases mal ponctuées, les mots mal orthographiés, les fautes de construction, etc., y abondent, et cela du fait de l'auteur et non de l'imprimeur, qui a apporté à son travail tout le soin désirable : une simple inspection suffit pour s'en convaincre.

Nous respecterons, autant que possible, dans les extraits suivants, le texte de Jacques Fevez.

L'action se passe à Rochefort, durant, tout porte à le croire, les dernières années de la Révolution. C'est même sans doute à cette époque que la pièce a été écrite. Les anachronismes qu'on y remarque en certains endroits doivent provenir d'additions ou corrections effectuées par l'auteur, au moment de la confier à l'impression.

Deux amants, Julien et Julie, conduits

par un jeune batelier du nom de Trufaldin, sont allés faire une promenade en mer, et on les croit noyés tous les trois. André, le père de Trufaldin, entre en scène.

ACTE PREMIER

Scène première. « André. — (*Il parle par réflexion et douleur.*) Ils sont souffletés par les vents ; (*ayant les bras croisés, se promenant chagrin en travers de la scène et rétrogradant*) maintenant où sont-ils ? (*toujours les bras croisés*) sous le pol (*sic*) arctique ou le pol antarctique ! (*et se présentant en face du parterre, les bras tombants*). Le temps était beau ! l'air était bien calme ! Je leur ai confié mon batelet pour se promener :

mon fils a encore bien peu d'expérience sur la navigation ; il s'est trop avancé en mer ; (*il tire sa montre*) voilà soixante-cinq minutes qu'ils s'y sont engagés. Qui pourrait leur porter des vivres si au loin ? Pas même l'hirondelle, dont le vol, quoique long, est encore trop court ! »

Trois mariniers, amis du vieil André, surviennent et l'interrogent sur la cause de ses inquiétudes.

« J'ai été, leur répond-il, trop peu défiant sur l'inexpérience de mon fils ; mais sa tendre mère ! Quel reproche je vais essuyer ! Quel ne sera pas le mausolée dans mon foyer !... (*D'un ton de voix élevé avec douleur.*) Ah ! mon cher fils ! si tu respires encore, pardonne ton père ! approche que je te presse contre mon sein ! (*Il tombe à genoux, un peu de côté*, etc.) »

Fevez-Mougeot multiplie jusqu'à satiété les indications scéniques ; on devine qu'il n'a pas la moindre confiance dans l'intelligence de ses interprètes et ne s'en rapporte qu'à lui seul.

Cependant le père André continue de discourir.

« Arrête, Eol ! (*sic*) Arrête les vents dans leur course rapide ! Brise-les ! Sois sensible à ma prière ! Laisse rapprocher mon fils du port ! Dieu du très-haut ! exaucez mes vœux ! »

Les « mariniers ou nautoniers, qui n'ont pas désemparé de la scène », s'offrent alors pour découvrir, à l'aide de télescopes, les trois naufragés. Dans ce dessein, « ils montent aux croisées » et font cette demande à l'infortuné père :

« De quel côté ont-ils pris leur direction ?

ANDRÉ. — Je les ai perdus de vue, en face, égarés sur mer : ou ils sont au midi, ou au septentrion...

LES TROIS-MARINIERS. — Nous ne découvrons rien.

ANDRÉ (*se présentant de trois quarts en profil sur le parterre*). Ah ! malheur ! Ah ! calamité ! Combien de fois j'aurais été témoin de pareille inhumation sans pouvoir franchir, tendre la main, n'ayant encore atteint que la quarantième année. (*Ici il jette les yeux sur la mer*). Il semblerait qu'au fond de cet élément réside le tombeau privilégié des Français ! »

SCÈNE II. « Trois actrices, dont deux

sœurs, viennent occuper deux des croisées. » Mélasie, l'une de ces femmes, s'écrie : « Ma sœur ! Voilà des personnes qui se noyent ! Voilà des personnes qui se noyent !... Déjà les requins aiguisent leurs dents, les cherchent pour les dévorer !... Volons à leur secours, au risque de périr ! »

Alcipe, une autre de ces femmes, trouve que Mélanie s'emballe trop facilement. « Madame, réplique-t-elle, je partage avec vous toute la douleur qu'inspire un tel aspect ; mais respirons un peu ! Dans leurs élans, ils paraissent avoir assez de force pour s'échapper : que le ciel seconde leur désir ! et le nôtre protège leur rentrée au port ! »

Pendant tout ce temps, notez bien, le

père André et les trois mariniers sont toujours postés à leurs croisées et cherchent, avec leurs télescopes, à découvrir les naufragés ; mais sans doute ils regardent du côté du midi, au lieu de se tourner vers le « septentrion ».

Enfin Trufaldin, le pilote des deux amants, apparaît dans sa barque. « Il aura été avancé par des poulies, ou sur des roulettes, comme un homme qui arrive. »

« LES TROIS MARINIERS. — Ah ! voilà votre fils !

ANDRÉ. — Ah ! voilà mon cher fils ! Il me rend la vie !

TRUFALDIN, *quittant le batelet et avec un ton délibéré.* — C'est un cheval sans pareil que l'Océan ; il culbute les uns, les autres le font volontairement (*sic*) ; au dernier cas voilà deux échappés : je suis curieux de les revoir, de les complimenter : pour ma première sortie sur mer, je ne suis pas heureux, mais ce n'est pas de mon fait... »

La toile tombe. « L'orchestre jouera un air de triomphe : *la Prise d'assaut*, puisqu'ils sont venus gravir le port à travers le courroux de la mer. » Bien que la toile soit tombée, comme on vient de le voir, l'acte se continue, et nous passons sans interruption ni retard à la

SCÈNE III. — « Viennent ces trois dames qui étaient aux croisées, ayant à la main le mouchoir blanc ; elles parleront, tandis que les naufragés sont censés changer de costume.

MÉLASIE. — Ce n'est pas sans un ressouvenir de toute amertume que nous annonçons à la France la rentrée prospère de deux naufragés au port ; le sein de la mer a été touché de l'événement, il a refusé de les recevoir... S'il était possible d'enclouer la mer dans sa retraite, j'attendrais le moment, et j'irais chercher dans son lit les mânes de mes frères et sœurs dont la mémoire m'est si chère et sacrée, ou, sinon la chance (*sic*), y dévorer l'amertume de mon chagrin, verser un second océan de larmes sur leur tombeau : cet événement du jour ne repasse que trop le couteau dans la plaie...

Alcipe. — ... Et ces deux infortunés ne vont-ils pas paraître ? Mon cœur gravit vers leur présence. (*La toile se levant*)

Ah ! les voilà, et une table bien servie ! Joignons-nous à ces MM. des gens du port, avec qui ils rafraîchissent et qui leur offrent des secours. »

Arrivent Trufaldin et les deux amants, Julien et Julie, André et les mariniers, et tout le monde se met à table.

« Je puis braver les coups du sort, et non les regards d'un père ! s'écrie tout à coup Trufaldin, au milieu du repas.

— Mon fils, ta gaieté m'enchante ; trinquons ! » riposte le brave André.

« Chacun trinque. L'espace de trois ou quatre minutes écoulé, MM. les gens du port disent aux naufragés : — Nous sommes dans un festin bien agréable, puisqu'il nous procure le plaisir de vous voir ressuscités ; buvons ! (*Tous choquent en-*

semble.) Mais dites-nous un peu par quelle fatalité vous vous êtes trouvés submergés ?

Julien et Julie. — Dans un instant nous allons vous le raconter. »

La toile tombe. « L'orchestre jouera sur air : *A la tendresse livrons nos cœurs.* »

ACTE II

Julien et Julie s'avancent sur la scène. Julie débute par cette vigoureuse déclaration :

« Je ne conçois pas comment l'Éternel peut continuer les jours à des êtres aussi immoraux que nous !

— Et moi, je le conçois encore moins ! réplique Julien (*les deux mains dans les poches de sa veste, livré à des réflexions amères, faisant quelques pas.*) Jusqu'alors nous étions si bien unis ; le désir de l'un enflammait le vouloir de l'autre ; que l'un fût en retard d'emploi, nous partagions chaque jour l'œuf d'or, tour à tour du linot, tour à tour de la perdrix. Hélas! Pourquoi sommes-nous encore plus insensés que l'avare de la fable dont la poule en pondait un tous les jours.... (*Et s'approchant insensiblement de Julie, d'un demi-profil sur le parterre, joignant les mains et faisant un pas vers elle.*) Eh ! mais, mon Dieu, Julie ! (*Un quart de soupir en silence*) vous teniez mon cœur en brassières (*un demi-soupir en silence*) et l'enfant parfois embrassait sa nourrice. (*Il fera un second pas pour se trouver à deux distants d'elle* (*sic*). Eh! mais, mon Dieu, Julie! (*un demi-soupir en silence*) vous teniez mon cœur en brassières (*un soupir plein en silence*) et parfois l'enfant embrassait sa nourrice. »

A ce galimatias, Julie se contente de répondre :

« Cela est vrai!... Mais le cœur du sexe est si versatile! C'est ainsi que la nature l'échappa de ses mains.

Julien. — Et cependant la main de l'Histoire ne le grava jamais sur le marbre funéraire pour s'en défier. Hélas! combien d'écueils sous la voûte des cieux! »

C'est alors que Julien commence le récit de sa vie :

« Je suis fils unique, né dans les environs de Commercy, département de la Meuse, orphelin de père et de mère, dès le plus bas âge ; ils n'ont pas survécu à une inondation. Mon père était capitaine du régiment de Roarck cavalerie. Qui croirait qu'il a couru plus de risques dans son propre lit qu'au siège le plus meurtrier?... »

A son tour, Julie reprend :

« Je suis fille unique, née à Toul, département de la Meurthe. Orpheline dès la mamelle, mes père et mère étaient des rentiers honorables ; par suite d'hérédité (*sic !*), un incendie, un de ces fléaux non moins funestes, ne leur a laissé que la ressource de tendre secrètement la main : de l'opulence ils sont passés à la misère et dans l'oubli, et ne survécurent pas trois mois à une telle catastrophe...

JULIEN. — Au demeurant, n'ayant que mon nom et ma destinée, mon parrain a pris le soin de me donner un état, celui de peintre en pastel : immédiatement lancé dans le monde, je dirigeai mes pas vers Rochefort, dans l'intention de serpenter ou non (*sic*). Mon premier coup d'essai fut heureux ; j'ai débuté à Bar-le-Duc, département de la Meuse.

JULIE. — Ma destinée étant la même, ma marraine m'a fait apprendre l'état de doreur sur bois : immédiatement lancée dans le monde, je me suis arrêtée aussi à Bar-le-Duc, j'y ai doré différents cadres, sans savoir pour qui ; mais peu après j'ai été chargée de vous en remettre pour encadrer vos sujets. *Hinc prima felicitatis labes* ; j'amorçai d'amitié.

— Oui, nous amorçâmes d'amitié, cela est vrai ! » s'écrie Julien, « après un soupir plein ». Et il poursuit : « Nous sommes sortis des murs de cette ville (Bar-le-Duc) parce qu'il y avait agonie d'emploi ; et nous sommes parvenus dans une autre, où l'emploi d'abord était bien vivant ; ainsi successivement de ville à autre ; mais l'emploi ingrat parfois ; enfin nous partagions l'œuf d'or, tour à tour de la fauvette, tour à tour du ramier. »

Tout à l'heure c'était l'œuf du linot et celui de la perdrix ; mais, n'importe ! c'est toujours « l'œuf d'or » que l'on partage.

L'acte se termine par des conseils que Julie adresse à « la belle jeunesse » de l'endroit : Ne faites pas comme nous, n'allez pas folâtrer en pleine mer : « Notre événement est scandaleux, nous en demandons pardon à l'univers !... » et par des remerciements de Julien « à messieurs les gens du port » :

« Vous, Messieurs les gens du port, nous vous remercions du nord au midi ! (*sic*) Croyez que notre reconnaissance sera éternelle... »

ACTE III

Trois « gens du port », Jérôme, Charles, Joseph, s'entretiennent de l'accident survenu à Julien et Julie.

« Jérome. — Vous ne savez pas ! Par un coup du ciel, deux amants naufragés viennent de rentrer au port : croiriez-vous qu'eux-mêmes se soient mutuellement submergés ?

Charles. — Oh ! rien d'étonnant ! Il arrive que, sous les symptômes de l'empressement et de l'amitié, dans diverses considérations, l'un et l'autre sexe cachent des desseins inattendus ; mais déjà les divorces ! aujourd'hui les demandes en séparation de corps, qui étonnent les tribunaux, ne nous en fournissent-elles pas quelques exemples ?... Eh ! le cœur humain n'est-il pas, au vrai, une forêt vicieuse, une forêt de caprices ?

Joseph. — Trêve sur cela ; soyons plus réservés, ne tranchons pas ainsi dans le vif ; rendons justice aux femmes : elles ont l'âme aussi belle qu'elles sont graieuses et fines. J'ai été attaché au char de plusieurs belles, j'en ai été le cocher le plus actif, je les conduisais avec la rapidité de l'imagination ; j'en ai été parfaitement bien payé ; j'étais un brut (*sic*) à leur service, je suis devenu policé et suivi dans le monde. Voici le fait des deux naufragés, j'en suis instruit : dans un brillant jour d'été ils s'avisèrent de se promener sur la mer, en batelet ; dans le cours, la différence d'opinion était que Julien faisait des niches à Julie, qu'elle désavouait, et s'obstinant contre, il est apparent qu'elle est tombée la première dans l'océan. Elle est jeune, appétissante, jolie, aimable : dans le cas, n'auriez-vous pas succombé à cette légère tentation ?

Charles. — Que trop ! Aussi je dirai :

Jusqu'à quand des femmes dépendra donc notre destin ?... »

D'autres gens du port surviennent : puis Julien et Julie, qu'on félicite d'avoir échappé au trépas. Enfin les deux amants se trouvent seuls et se mettent à roucouler.

« Julien. — Jamais Français n'aima sa bergère comme moi !

Julie. — Jamais bergère n'aima son Colin comme moi, et je vous jure que mon amitié pour vous durera autant que le nom français !

Julien. — Dans mon infortune, voilà le ciel qui bénit ma destinée ! »

En ce moment, et comme pour démentir cette bénédiction céleste, Julie s'envole, disparaît.

« Elle se trouvera perdue dans les coulisses par une évasion soudaine ! »

« JULIEN. (*Il s'aperçoit avec étonnement de son absence.*) — L'abîme renaît-il donc sous mes pas ? Où est-elle donc, cette belle Julie ? Elle enlève tous mes organes, toutes mes facultés. Mon cœur est plein d'elle, mon cœur périt de son absence... »

Brusquement Julie reparaît et se précipite dans les bras de Julien.

« Je suis partie aussi vite que l'éclair, je reviens plus vite que l'éclair ; la conformité du sort fit éclore en nous l'inclination. (*Maniant ensuite un anneau à son doigt gauche d'une manière ostensible, elle jette des soupirs qui élèvent son estomac.*)

JULIEN. — Parlez, continuez : je vous écoute avec plaisir.

JULIE. — La conformité du sort fit éclore en nous l'inclination. (*Maniant toujours cet anneau d'une manière ostensible.*)

JULIEN. — Ah ! ma chère Julie ! Je vous conçois ! Je vous entends ! Désireriez-vous être mon épouse ? Quel bonheur !

JULIE. (*Les yeux sur Julien, souriant et minaudant de la tête.*) — Moi, je ne vous aime pas du tout !

JULIEN. — Comment ! Vous ne m'aimez pas du tout ? Ce détour est un coup de sang pour moi ! »

Enfin Julie se ravise ; elle consent à devenir l'épouse de Julien, et celui-ci de s'écrier avec ravissement :

« Voilà mon triomphe couronné; je laisse maintenant à toute la terre le soin de chercher le sien. »

La toile tombe. — L'orchestre joue (comme à la fin du premier acte) : *A la tendresse livrons nos cœurs.*

ACTE IV

Le mariage de Julie avec Julien est décidé; les gens du port, qui ont gagné l'un trois cents francs, l'autre cent francs, à la loterie, font cadeau de ces sommes aux futurs époux. Soudain un des mariniers, Licaste, personnage avisé et qui connaît la loi, apostrophe ainsi les deux amants :

« Mais vous n'avez pas six mois de résidence? »

Julie, la fine mouche, n'est pas embarrassée pour si peu :

« Nous sommes en exception à la loi, réplique-t-elle, qui n'est que pour le cours ordinaire et non pour deux naufragés, et notre état aussi ingrat (l'état de peintre en pastel et l'état de doreur, et non celui de naufragé, ne confondons pas !) ne nous permettrait pas de séjourner six mois dans une ville où il faudrait y vivre d'un poison lent, aller aux portes pendant cinq ; voilà nos moyens.

Béralde (un des mariniers). — Nous avons du crédit sur l'esprit de M. le maire ; nous travaillerons de tout notre pouvoir à ce que vos vœux soient soudain couronnés. »

Le maire, M. Dugué, arrive et s'empresse, au mépris de la loi et sans se faire prier, de souscrire aux désirs des deux amants. « Je bénis autant qu'il est en moi votre union ! »

Un des matelots, le sieur Bonnefois, propose alors de faire appeler un notaire pour rédiger le contrat de mariage.

« Nous n'en ferons point, déclare Julien : à l'exemple du philosophe de la Grèce, nous portons tous nos fonds avec nous. »

Néanmoins, une cérémonie purement civile ne peut suffire à nos naufragés, bien qu'ils aient reçu la « bénédiction » du maire.

On irait bien chercher un prêtre (par scrupule, et pour ne pas froisser les idées antireligieuses de l'époque, l'auteur écrit : un fonctionnaire); mais, comme le remarque ingénieusement une certaine Léonore : « Ils sont peut-être tous absents dans ce moment-ci ! » Enfin, une soubrette nommée Lisette, qui se trouve là on ne sait comment, dit :

« Il est un sage vieillard tout près, sur le port, qui promène en paix sa défaillante vieillesse ; il peut en tenir lieu (de fonctionnaire ou prêtre) : c'est la foi qui nous sauve ! »

Ce sage vieillard, qui a nom Sublimé, arrive et, « dans une attitude et d'une voix tremblantes », consacre l'union des deux amants orphelins.

« Après tant d'infortunes, dans la joie qui lui succède, vous serez encore unis par un vieillard octogénaire, mal assuré, sur le dernier degré du tombeau, je dois recueillir mes forces pour partager votre triomphe! » (*Sic.*)

L'orchestre joue alors l'air de : *Triomphez, bel Alcindor;* puis, pour le défilé général, qui a lieu à la fin de la pièce, l'air de : *A la tendresse livrons nos cœurs.*

V

Peu de temps après la représentation de son drame, Jacques Fevez-Mougeot reçut, d'un soi-disant « régisseur associé du Théâtre-Français, » la lettre suivante, datée du 2 novembre 1808 :

« Monsieur,

» Un de mes amis, de passage à Paris, m'a fait un tel éloge de la pièce intitulée *les Deux Amants Orphelins*, dont vous êtes l'auteur, que je ne puis rester plus longtemps sans vous demander si votre intention n'est pas de la faire jouer dans la capitale.

» Je suis un des associés du Théâtre-Français, et ce sont des productions telles que la vôtre que nous cherchons.

» Nous sommes fatigués de toutes ces tragédies de l'histoire, et qui ne sont plus goûtées que par un petit nombre de connaisseurs : des événements contemporains, voilà ce qu'il nous faut.

» Si j'osais donc, Monsieur, vous demander communication de votre pièce, que je ne connais que de réputation, mais dont le succès me paraît absolument certain, je vous prierais de la faire passer à l'adresse ci-dessous, et cela le plus promptement possible, sous huit jours, attendu que nous sommes inondés en ce moment de productions dramatiques, — qui ne valent rien d'ailleurs. Chacun de nous présente à son tour les ouvrages nouveaux qu'il a reçus : mon tour, à moi, arrive cette semaine, et c'est précisément sur votre drame que j'ose compter.

» La question de prix n'est pas de mon ressort ; je puis néanmoins vous renseigner à cet égard. Le conseil décide la somme à allouer à chaque auteur pour chaque représentation d'une quelconque de ses pièces, et l'on est obligé de se soumettre à cette décision, quand une fois on a lâché (*sic*) sa pièce. C'est peut-être un désagrément pour les auteurs besogneux et qui attendent après cet argent pour vivre; mais je ne vous crois pas de cette catégorie.

» J'attends, Monsieur, l'honneur de la vôtre, qui m'annoncera ce que je vous demande avec tant d'instance, et suis, avec le plus profond respect,

Monsieur,
Votre très humble
et très obéissant serviteur,

Clausse (ou Clamse ?)
Régisseur associé du Théâtre-Français,
rue Saint-Honoré, 215, Paris. »

Déjà tout gonflé d'orgueil, tout étourdi et grisé par le chaleureux accueil que ses concitoyens avaient fait à son drame, Fevez-Mougeot, au reçu de cette lettre, — écrite, en réalité, par un de ses anciens amis, un ex-habitué du café de la mère Dubois, devenu clerc d'avoué à Paris, — perdit tout à fait la tête : il se crut vraiment appelé à succéder à la fois à Corneille et à Molière, à régénérer la scène française.

Comme bien on pense, le manuscrit demandé fut expédié séance tenante à l'adresse indiquée.

L'affaire cependant ne marcha pas aussi rapidement que ce début le présageait : la pièce avait été reçue d'emblée par le « conseil », — évidemment ! — mais les répétitions traînaient en longueur ; la mise en scène surtout, les décors, costumes, etc., était interminable.

M. Clausse n'était plus le seul correspondant parisien de Fevez-Mougeot : un certain Baptiste, artiste au Théâtre-Français, rue Saint-Thomas-du-Louvre, n° 3 ; un M. Domble, commissaire de police près le Théâtre-Français, rue des Moineaux, n° 14, étaient également entrés en relation avec lui. Nombre d'anciens camarades de Fevez-Mougeot, de Barisiens restés à Bar-le-Duc ou transplantés à Paris, prenaient part à cette plaisanterie, et le pauvre bonhomme, aveuglé par les resplendissants rayons de sa gloire toute prochaine, n'était certes pas difficile à tromper.

C'est à M. Domble, à cause de son titre de commissaire probablement, que notre auteur s'adressait de préférence et faisait ses recommandations. Dans une lettre datée du 1er avril 1810, il le supplie d'user de son influence auprès de « ces messieurs des Français, pour qu'on active les répétitions de sa pièce, afin qu'on puisse la jouer durant les fêtes qui auront lieu à l'occasion du mariage de l'empereur ». Il pensait à tout, l'excellent Fevez ! « Si l'étoile sous laquelle je suis né, ajoute-t-il dans son ivresse et son baragouin, était assez heureuse pour que la curiosité y appela (*sic*) Leurs Majestés et que je ne me noye pas, moi et tout mon territoire, dans la joie qu'elles auront daigné partager, je l'aurais échappé belle ! »

Cependant les jours, les mois, les années s'écoulaient, et cette *première* tant attendue n'arrivait pas. Toujours quelque obstacle surgissait. Jacques Fevez commençait non seulement à s'impatienter, mais à soupçonner des rivalités, des cabales,

les sourdes menées d'un confrère jaloux, voire une trahison de MM. Clausse, Domble et Baptiste.

Il y aurait eu, sans doute, un bon moyen de mettre fin à cette incertitude et en même temps de faire cesser cette mystification : c'eût été d'aller à Paris et de s'enquérir auprès du personnel de la Comédie-Française, — du vrai. Mais on ne voyageait pas à cette époque comme à présent ; il fallait trois jours et trois nuits à la diligence pour effectuer le trajet de Bar-le-Duc à Paris ; en outre, Fevez-Mougeot n'était plus tout à fait jeune, il avait franchi la soixantaine et ne jouissait pas d'une très bonne santé ; enfin, bien que très ménager de ses finances, très regardant, il était loin d'être riche, et les frais occasionnés par ce voyage eussent été pour lui une trop lourde charge. C'est sur tous ces motifs précisément, cette quasi-impossibilité où il se trouvait de se rendre à Paris, que ses facétieux amis avaient tablé.

Ils allèrent même, tant croissait leur audace, jusqu'à lui mander, le 20 février 1812, par la plume du susdit Clausse, régisseur associé, etc., que son drame venait enfin d'être représenté et avait, comme de raison, obtenu le plus brillant, le plus étourdissant succès. « Jusque dans les couloirs, jusqu'au dehors, sur la place, les spectateurs se pressaient et s'empilaient ; les bravos frénétiques retentissaient de toutes parts ; on ne cessait d'acclamer le nom, désormais illustre, de

Fevez-Mougeot. Les oreilles, là-bas, ont dû vous tinter ! »

Et l'autre, bon enfant, de répondre, avec toute sa candeur : « Ah ! que n'étais-je là, cher ami ! »

VI

Tout en savourant sa gloire, cheminant éperdu dans son rêve étoilé, Jacques Fevez, on l'a vu déjà, ne dédaignait pas les biens de ce monde, et avait même grand soin de ses intérêts matériels. Supposant, et avec toute apparence de raison, que la foule, qui avait si chaleureusement applaudi sa pièce le premier soir, n'avait pas dû être moindre aux représentations suivantes, il se risqua à demander, au bout de peu de temps, à ce même M. Clausse, devenu son « cher ami », « un petit règlement de comptes ».

La réponse tardant à lui parvenir, il s'adressa à son autre cher ami, Domble ; puis à son troisième cher ami, Baptiste. Rien : silence sur toute la ligne.

Qu'est-ce que cela signifiait ? Aurait-on par hasard l'intention de le frustrer de la légitime rémunération de son travail, de sa part, de son dû, sur les belles recettes encaissées grâce à lui ? Est-ce que MM. Clausse, Baptiste et Domble ne seraient que de vulgaires escrocs ?

De nouveau, il écrivit au commissaire de police Domble, et une lettre des plus urgentes, où il lui mandait que « sans ses rhumatismes fémoraux, qui le retenaient pour l'heure cloué dans son fauteuil, il n'hésiterait pas à retenir sa place à la diligence», et le menaçait, « si messieurs des Français se refusaient à faire droit à sa requête, de demander aide et protection à la loi ».

Mais nos farceurs avaient plus d'un tour dans leur sac, et voici la réponse qui parvint, par retour même du courrier, au malheureux Fevez :

(Sans date.)

« Monsieur,

» Je viens de recevoir la visite de madame Domble, qui est dans un cruel désespoir de ce que son mari s'est mêlé de vos affaires.

» Une catastrophe terrible est arrivée au Théâtre-Français.

» Non seulement six personnes, s'arrogeant la paternité de votre pièce, se sont présentées pour toucher les droits d'auteur (entre autres, une femme, qui s'est fait mettre en prison sur-le-champ pour les impertinences qu'elle nous a lancées) ; mais encore, Monsieur, la police prétend que votre ouvrage n'a été composé que pour provoquer des troubles et renverser le gouvernement, et qu'il faut, en conséquence, s'assurer sans retard des personnes qui, à tort ou à droit, se vantent d'avoir écrit *les Amants Orphelins*.

» On fait présentement des recherches pour s'emparer des cinq individus qui, outre l'insolente mégère dont je viens de vous parler, ont eu l'impudence d'usurper vos titres et qualités.

» Ainsi donc, Monsieur, dans votre intérêt seul, je vous exhorte de toutes mes forces à n'adresser en ce moment aucune réclamation qui puisse faire voir que vous êtes le vrai coupable, l'auteur de cette œuvre incomparable, mais subversive.

» Quant à M. Domble, dont la complaisance envers vous va jusqu'à le faire accuser de complicité, il a disparu dès le début de l'enquête, et les scellés ont été apposés sur ses papiers.

» Vous êtes, Monsieur, la cause innocente de tout cela. Encore une fois, je ne saurais trop vous adjurer, pour votre propre sécurité, d'ensevelir toute cette affaire dans un éternel silence.

» J'ai l'honneur de vous saluer d'amitié.

» Florival,

» *Attaché au Théâtre-Français* ».

Diantre ! mais cela se compliquait ! Que de choses dans son œuvre, et auxquelles il n'aurait jamais pensé ! « Ma pièce subversive ! Oh ! ! »

Déconcerté, terrifié peut-être par ce dénouement tout à fait imprévu, Fevez-Mougeot se tint coi quelque temps. Il n'était pas homme néanmoins à se décourager si vite et à abandonner la partie. On ne renonce pas ainsi à la gloire, surtout lorsqu'on l'a vue de près et quasiment possédée.

Ne pouvant plus tirer de ses correspondants parisiens, ses bons amis Clausse, Baptiste, Florival, (Domble, le commissaire de police, n'avait toujours pas reparu), que des réponses dilatoires, évasives, ou d'impérieuses recommandations de se taire, Fevez-Mougeot résolut de faire de nouveau jouer sa pièce à Bar ; et, dans la crainte qu'elle ne renfermât, en effet, et à son insu, quelque phrase malsonnante, il soumit le manuscrit à M. le comte de Saint-Aulaire, alors préfet du département de la Meuse.

Par une lettre en date du 2 septembre 1814, ce fonctionnaire l'informa « qu'il n'avait rien trouvé de contraire aux lois de l'État ni aux bonnes mœurs dans cet ouvrage, et qu'en conséquence il l'autorisait à prendre les arrangements qui conviendraient le mieux à ses intérêts pour le faire mettre sur la scène. »

Il est probable que des difficultés survinrent, dues sans doute aux interprètes sur qui Fevez-Mougeot avait compté, car aucune nouvelle représentation de son drame n'eut lieu à Bar à cette époque.

Ses amis de Paris, MM. Clausse, Baptiste et Florival, qu'il ne se lassait pas de relancer, continuaient, eux, de l'inviter à demeurer tranquille, afin de ne pas s'attirer de poursuites judiciaires, et ne cessaient en même temps de le berner de promesses. Mais, non seulement il ne pouvait obtenir d'eux l'argent qu'il estimait lui être dû, ils faisaient même la sourde oreille quand il leur réclamait différents manuscrits qu'il leur avait expédiés, ou bien lui affirmaient que l'envoi avait été effectué et que c'était au service de la poste qu'il devait s'en prendre. A la fin c'est ce qu'il fit.

Bien entendu, le Directeur général des postes ne put lui fournir aucun renseignement sur l'adirement des manuscrits ; mais, flairant une imposture, quelque vilain tour, il engagea le plaignant à s'adresser directement au comité d'administration du Théâtre-Français.

Jacques Fevez suivit ce conseil et reçut une lettre, datée du 7 juin 1817, qui aurait dû lui dessiller les yeux et mettre une bonne fois fin à l'imbroglio.

« Monsieur », — lui écrivait M. Lemazurier, secrétaire du comité, « le Comité d'administration de la Comédie-Française n'ayant absolument aucune connaissance des faits mentionnés dans la lettre que vous avez reçue et dont vous lui transmettez copie par la vôtre du 2 de ce mois, se voit obligé de partager l'opinion de M. le Directeur général des postes. Ainsi que lui, il regarde cette lettre comme une plaisanterie, qu'il ne peut s'empêcher de trouver fort déplacée, puisqu'un nom auguste et digne de tous les respects s'y trouve compromis. »

Quel était ce « nom auguste et digne de tous les respects » ? Peut-être celui de la duchesse de Berry, à qui les infatigables mystificateurs ont très bien pu songer et qu'ils ont sans doute désignée au pauvre Fevez comme une admiratrice de son génie, et, partant, comme une protectrice toute trouvée et des mieux disposées pour lui. Il existe, en effet, dans les papiers de Fevez-Mougeot, des traces de correspondance entre « S. A. R. Madame la duchesse de Berri » (*sic*) et l'avocat et auteur dramatique meusien.

En tout cas, pendant qu'il était en veine de réclamations, Jacques Fevez aurait bien dû demander au secrétaire Lemazurier des nouvelles de ce fameux drame joué cinq ans auparavant sur la scène même de la Comédie-Française, et interdit depuis par la Préfecture de police, ainsi que des sommes qu'on avait dû prélever alors sur les recettes à son intention. Il n'en fit rien, ou du moins aucune lettre capable de nous éclairer sur ce point n'existe dans sa correspondance. De plus, et au dire même de ceux de ses concitoyens qui l'ont le mieux connu, il ne laissait jamais échapper l'occasion de parler de ses compositions dramatiques et de rappeler particulièrement « l'immense succès, le succès sans précédent, incomparable, à jamais mémorable, qu'il avait obtenu à Paris, — oui, Monsieur, à Paris! — au Théâtre-Français, avec sa pièce *les Deux Amants Orphelins* ». Ce qui tend à prouver qu'il n'a effectivement adressé à M. Lemazurier aucune question sur ce point.

L'infortuné, le très heureux bonhomme plutôt, finissait par se persuader qu'il avait assisté en personne à cette mirifique représentation.

« Malheureusement, ajoutait-il en guise de conclusion, j'ai été volé comme dans un bois! J'avais affaire à une bande de flibustiers... Ah! les gredins!... »

VII

A entendre Fevez-Mougeot, les triomphes qu'il remporta au barreau ne sont nullement inférieurs à ceux qu'il conquit sur la scène. « Il suffisait, écrit-il, de lui remettre un dossier à l'audience, *dans les bancs* : il plaidait la cause sur-le-champ et la gagnait. » *Veni*, *vidi*, *vici*.

C'est cette incroyable infatuation, cette candide et incommensurable outrecuidance, qui explique comment on put se jouer de lui pendant si longtemps. Avant d'être dupe d'autrui, il était d'abord dupe de lui-même.

Malgré son renom, malgré la superbe clientèle qu'il devait avoir, sa situation de fortune ne cessa d'être précaire que très tard, comme il atteignait ses quatre-vingts ans, en 1830, et c'est probablement à quelque héritage qu'il fut redevable de cette aubaine.

Il s'occupa aussitôt de faire imprimer sa pièce. Mais pourquoi s'aviser de ne la faire tirer qu'à cent cinquante exemplaires? Pouvait-il redouter la froideur du public? Certes non, et l'événement prouva bien l'insuffisance de ce chiffre. Peut-être faut-il l'attribuer à une ignorance de métier ou même à la parcimonie bien connue de notre personnage.

Quoi qu'il en soit, l'ouvrage obtint dans toute la région un grand succès de curiosité. Les gens qui, vingt-deux ans auparavant, en 1808, avaient assisté à l'unique représentation des *Deux Amants Orphelins* devenaient de plus en plus rares ; on ne connaissait plus ce chef-d'œuvre que par ouï-dire, et il était tout naturel qu'on désirât s'en rendre compte, le savourer à loisir.

Voici de quelle façon un journal local annonçait et appréciait cette publication. L'article prêtait à une double interprétation : pour qui savait lire entre les lignes, il n'y avait pas de doute, c'était un éreintement, une exécution ; pour qui voulait s'en tenir au texte, ne voir que le sens littéral, — pour l'auteur, — il n'y avait pas de doute non plus, c'était un compliment, une courte mais délicate et fine apologie.

« Un de nos compatriotes, M. Fevez-Mougeot, ancien avocat au parlement, vient de faire imprimer un drame en quatre actes dont il est l'auteur ; cette pièce est intitulée *les Deux Amants Orphelins qui se sont mutuellement naufragés, et du plus heureux Destin qui dépendit des Femmes*. Cet ouvrage se trouve à Bar-le Duc, chez l'auteur, rue du Cigne ; prix : 2 fr.

» Il est peu de personnes de Bàr et des environs qui n'aient entendu parler depuis longtemps de l'œuvre de M. Fevez, que nous annonçons aujourd'hui; mais on n'en connaissait que le titre, qui seul faisait vivement désirer de connaître l'ouvrage. Nous avons lu l'exemplaire qui nous a été adressé par l'auteur ; le drame répond parfaitement à son titre, tant sous le rapport du style que par l'intérêt qu'il inspire. Il faut le lire pour apprécier le talent dramatique de M. Fevez-Mougeot. »

(*Journal de la Meuse*, 19 juin 1830.)

Ce langage ne pouvait qu'entretenir le bienheureux dramaturge dans ses illusions.

Mais quelle radieuse fierté, quelle allégresse, quelle ivresse ne dut-il pas éprouver quand, peu de temps après la publication de son œuvre, il vit arriver chez lui le directeur d'une troupe artistique régionale, alors de séjour à Bar-le-Duc, qui venait solliciter l'autorisation et l'honneur de jouer *les Deux Amants Orphelins!* Comment donc! Mais tout de suite!

Ainsi ce n'était plus lui maintenant qui était obligé de se déranger et de postuler : on venait le trouver, l'implorer! Et c'était « à la demande générale », selon l'expression même de ce second Lormont, que la représentation aurait lieu. Ah! comme il avait eu raison de ne jamais douter de son génie, d'avoir toujours foi plénière en son étoile! Tout ce que « ses voix » lui avaient prédit se réalisait.

Cette soirée, plus encore que celle du 6 octobre 1808, fut une magnifique ovation, un vertigineux triomphe. Fevez-

Mougeot avait pris place dans la loge d'avant-scène située vis-à-vis de celle du préfet ; tous les regards étaient tournés vers lui, et les acclamations et les battements de mains faisaient trembler la salle. Les involontaires et continuelles explosions de rire que sa prose soulevait étaient pour lui la preuve de l'enthousiasme qu'il provoquait, de l'admiration qu'on lui portait. « A la bonne heure ! Ils s'amusent ! Ils comprennent ! »

Comme naguère, des bouquets, des gerbes de fleurs avaient été préparés ; des vers, calqués sur ceux que madame Vestris récita à Voltaire lors de la fameuse représentation d'*Irène*, furent adressés à l'auteur par la prima donna de la troupe :

Reçois en ce jour un hommage
Que confirmera d'âge en âge
La sévère postérité.
Non, tu n'as pas besoin d'atteindre au noir rivage
Pour jouir de l'honneur de l'immortalité!

. . . .

Elle finit en embrassant le grand homme et en lui posant sur la tête une couronne de lauriers. Toute la foule alors s'en mêla : on saisit Fevez, on l'enleva et on le porta triomphalement à travers les rues jusqu'à son domicile. Là, les vivats, les bravos, les embrassades recommencèrent.

« Mes bons amis, je suffoque... Vous m'étouffez... Vous voulez donc me faire mourir de gloire et de plaisir! » râlait le bon Fevez, absolument comme Voltaire à *Irène*.

Sans doute, toutes ces démonstrations étaient, en réalité, bien irrespectueuses pour ce vieillard; mais n'aurait-ce pas été autrement outrageant, bien plus cruel, de siffler et chuter sa pièce? Ne valait-il pas mieux le laisser dans son erreur, flatter sa manie? Il était si heureux! D'ailleurs ma tâche consiste à rapporter les faits que j'ai recueillis, non à les justifier ou les critiquer.

D'aucuns racontent qu'en rentrant chez lui, ce soir-là, encore tout ému de ces manifestations, grisé, affolé par ces hyperboliques louanges, Jacques Fevez fut frappé d'un coup de sang, auquel il succomba sur-le-champ. Son pronostic se serait ainsi vérifié : on l'aurait véritablement fait mourir de plaisir, on l'aurait tué à force de gloire. Mais cette version est apocryphe, et notre héros survécut plusieurs années encore à son apothéose.

Cette solennité, selon les renseignements verbaux qui m'ont été communiqués, eut lieu dans les premiers mois de 1831, et il existe dans les papiers de Fevez-Mougeot de nombreuses lettres à lui adressées et datées des années suivantes. Plusieurs de ces missives ont trait encore à son drame, dont on lui demande des exemplaires, ou même dont on lui annonce des représentations dans quelque ville du Nord ou de l'Est. Un M. Milsand, domicilié à Nuits (Côte-d'Or), par exemple, l'informe que la Société dramatique de cette localité a été enchantée des *Deux Amants Orphelins* ; il le prie de lui en expédier cinq exemplaires, s'engageant « à faire suivre le remboursement par la poste »; et il ajoute : « Si, par hasard, vous possédiez une autre pièce dans vos cartons, nous serions trop heureux de la posséder. »

Cette lettre est datée du 13 septembre 1836. Ainsi, au bout de vingt-huit ans, la plaisanterie durait encore. A cette époque, Fevez-Mougeot avait atteint ses quatre-vingt-six ans : on voit que ses lauriers ne lui pesaient pas et ne l'ont point empêché de vivre longtemps.

C'est l'année suivante, le 27 mars 1837, que « Jacques Fevez, fils de Jean Fevez, marchand, et de Marguerite Mougeot, ancien avocat, garçon, décéda dans son domicile, rue du Bourg ».

Il avait perpétré d'autres ouvrages dramatiques, l'un intitulé *le 1er Janvier ou le Premier jour de l'An*, « qui n'était point inférieur comme mérite, paraît-il, aux *Deux Amants Orphelins* » ; un autre, *les Rêves d'un Cartouche en province ;* un troisième, *le Mariage de la seconde chaste Suzanne reconnue ;* mais ces chefs-d'œuvre ne sont malheureusement pas arrivés jusqu'à nous.

FIN

ÉMILE COLIN — IMPRIMERIE DE LAGNY

www.ingramcontent.com/pod-product-compliance
Ingram Content Group UK Ltd.
Pitfield, Milton Keynes, MK11 3LW, UK
UKHW021105260726
13994UKWH00002B/714

9 782329 413914